Korbinian Frenzel

Frankreich und die Deutsche Einheit

GRIN - Verlag für akademische Texte

Der GRIN Verlag mit Sitz in München hat sich seit der Gründung im Jahr 1998 auf die Veröffentlichung akademischer Texte spezialisiert.

Die Verlagswebseite www.grin.com ist für Studenten, Hochschullehrer und andere Akademiker die ideale Plattform, ihre Fachtexte, Studienarbeiten, Abschlussarbeiten oder Dissertationen einem breiten Publikum zu präsentieren.

Dokument Nr. V109047 aus dem GRIN Verlagsprogramm

Korbinian Frenzel

Frankreich und die Deutsche Einheit

GRIN Verlag

Bibliografische Information der Deutschen Nationalbibliothek: Die Deutsche Bibliothek verzeichnet diese Publikation in der Deutschen Nationalbibliografie; detaillierte bibliografische Daten sind im Internet über http://dnb.d-nb.de/ abrufbar.

1. Auflage 2004
Copyright © 2004 GRIN Verlag
http://www.grin.com/
Druck und Bindung: Books on Demand GmbH, Norderstedt Germany
ISBN 978-3-640-12156-4

Freie Universität Berlin

Fachbereich Politik- und Sozialwissenschaften, Otto-Suhr-Institut
Wintersemester 2003/2004
-Berufsfeldorientierung-
BS 15285 „Methoden der Diplomatie"

Frankreich
und die Deutsche Einheit

Strategien
in den Umbruchjahren 1989/90

und ihre
Ursprünge
in der französischen
Deutschlandpolitik
der Nachkriegszeit

Korbinian Frenzel

Inhaltsverzeichnis

Einleitung

„Die Wiedervereinigung? Davon wird man in wenigen Wochen nicht mehr sprechen."[1]
Francois Mitterrand am 15. November 1989

Wenige Tage bevor der damalige französische Staatspräsident Mitterrand diese Einschätzung äußerte, fiel am 9. November 1989 die Berliner Mauer – ein Ereignis, das einen epochalen Einschnitt in die Nachkriegsordnung Europas und der Welt bedeuten sollte. Wenn auch in den Tagen unmittelbar danach das Ob und das Wie einer Vereinigung der beiden deutschen Staaten vage und fern jeglicher Konzepte war, stellte sich doch die Frage nach der Überwindung der Teilung drängender als je zuvor in den mehr als 40 Jahren nach dem Ende des 2. Weltkrieges und der Manifestierung der bipolaren Ordnung. Mitterrands Aussage im Rückblick lediglich als politische Fehleinschätzung zu werten, geriete gerade angesichts des politischen Gespürs des langjährigen französischen Staatspräsidenten zu kurz. Liegt vielleicht vielmehr die Vermutung nahe, dass sich mit diesen Worten sowohl ein Wunschdenken in der classe politique jenseits des Rheins als auch eine Grundhaltung ausrückte, mit der man den zu erwartenden Entwicklungen begegnen wollte?

Welche Rolle spielte Frankreich in den Umbruchjahren 1989/90? Wie reagierte die französische Regierung auf die Wiedervorlage der deutschen Frage durch den Fall der Mauer? Mit diesen Fragen beschäftigt sich diese Arbeit und begibt sich dabei auf die Suche nach Grundlinien französischer Strategien und Konzepte im Umgang mit dem großen Nachbarn Deutschland.

Die deutsche Frage stellte sich aus Sicht Frankreichs Ende der 80er Jahre nicht ohne die Erfahrung einer wechselvollen Vorgeschichte, einer Erfahrung von gegenseitigen Dominanzversuchen, Kriegen und Ängsten. Eine Analyse der französischen Deutschlandpolitik in der Wendezeit bleibt daher unzureichend, wenn diese ausgespart bleiben. Im ersten Teil der Arbeit soll daher der Versuch unternommen werden, Grundlinien dieser Politik anhand einer Untersuchung der Zeit nach der deutschen Kapitulation 1945 auszumachen. Dabei soll es nicht um eine vollständige historische Wiedergabe der Nachkriegszeit gehen, sondern vielmehr sich herauskristallisierende Strategien französischer Deutschlandpolitik in verschiedenen Handlungsrahmen untersucht werden. Dazu dient der Blick auf das Verhalten im Alliierten Kontrollrat, auf die Suche nach einem neuen Gleichgewicht in der europäischen Integration und schließlich auf die Reaktionen Frankreichs auf die Stalin-Note 1952 und die

---

[1] Zitiert nach: Entrup Lütke, Joseph/Laute, Ulrich; Zehn Jahre Mitterrand, Versuch einer Bilanz; in: Konrad-Adenauer-Stiftung; Auslandsinformationen 1/1992; S.5.

3

westdeutsche Ostpolitik der 70er Jahren als Ausdruck der Furcht vor Deutschlands „Drang nach Osten". Die sich dort abzeichnenden Linien – einerseits der Versuch Frankreichs, Deutschland zu schwächen und/oder zu isolieren, andererseits Sicherheit durch Einbindung und Kooperation zu gewinnen – können für die Analyse der Deutschlandpolitik in Paris in den Jahren 1989/90 hilfreiche Ansätze und Erklärungsmuster geben.

Der zweite Teil der Arbeit nimmt die Dynamik der Wendejahre 1989/90 unter die Lupe. Zunächst wird dabei auf die Suche nach der Strategie in Paris eingegangen, mit der man diesen neuen Herausforderungen begegnen sollte. Welche Konzeptionen sich dabei heraus-bildeten und wie sich die Handlungsmöglichkeiten französischer Politik durch die Dynamik des Prozesses einschränkten, soll in einzelnen Aspekten diskutiert werden. Einen entschei-denden Handlungsrahmen stellten dabei die „2+4"-Verhandlungen dar, in denen die beiden deutschen Staaten mit den vier Siegermächten des 2. Weltkrieges die außenpolitischen Bedingungen einer deutschen Wiedervereinigung abstecken sollten. Um die Handlungs-möglichkeiten Frankreichs auch in diesem Kontext zu sehen, sind deren Positionen kurz dargestellt.

Der europäische Integrationsprozess war gerade aus französischer Sicht der zweite entscheidende Rahmen für die Lösung der deutschen Frage. Denn gerade angesichts des begrenzten Einflusses Frankreichs im machtpolitischen Konzert der „2+4"-Verhandlungen setzten Mitterrand und seine Regierung zunehmend auf die europäische Karte. Die beiden abschließenden Punkte des zweiten Teils beschäftigen sich mit der europäischen Antwort auf den Umbruch von 1989/90 – und wie sich darin deutschlandpolitische Konzeptionen Frankreichs ausdrückten.

Frankreichs Deutschlandpolitik in den Jahren 1989/90 war zunächst durch verschiedene Konzeptionen geprägt, deren Ursprünge sich auf Grundlinien der Nachkriegszeit zurück-führen lassen. Warum sich die französische Politik schließlich auf den europäischen Weg der Integration und Einbindung konzentrierte und der Herausforderung eines größeren Deutsch-lands durch engere Kooperation begegnete, wird im abschließenden Fazit diskutiert. Leitlinie soll dabei die Hypothese sein, dass sowohl Ängste vor einem neutralen Deutschland als auch der begrenzte Einfluss im Konzert der großen Vier – und insbesondere im Vergleich zu den beiden Supermächten USA und UdSSR – Frankreich zwangsläufig auf die europäische Schiene drängte, wollte es nicht einflusslos daneben stehen. Hier stellt sich, so eine weitere Vorüberlegung, eine historische Parallele zur unmittelbaren Nachkriegszeit ein. Auch dort stellte sich Frankreichs Gewicht angesichts des aufkommenden Ost-West-Konfliktes als zu gering dar, um in der klassischen Machtpolitik (so im Alliierten Kontrollrat) genügend Einfluss zu haben. Und auch dort wählte Paris mit der Montan-Union den europäischen Weg.

4

1 Strategien der französischen Deutschlandpolitik nach 1945/49

Aus der bedingungslosen Kapitulation des Deutschen Reiches am 8. Mai 1945 ergab sich die Situation der „Stunde null" für die deutsche Bevölkerung und die Frage nach dem gesellschaftlichen und politischen Wiederaufbau Deutschlands. Auch für die Frage der Neugestaltung Europas, der Machtverteilung zwischen den Staaten und insbesondere der künftigen Rolle Deutschlands als vorheriger Mittelmacht in zentraler Lage auf dem Kontinent konnte ein gewisser Nullpunkt ausgemacht werden. Die Niederlage Deutschlands führte zu einem „Macht-Vakuum"[2], das es zu füllen galt.

Mit der Niederlage und Besetzung 1940 war Frankreich als militärische Kraft im Kampf gegen das Deutsche Reich früh ausgefallen und konnte lediglich mit Hilfe der in London wirkenden Exil-Regierung unter Führung des General Charles de Gaulles begrenzte politische Unterstützung bieten. Es ist insbesondere dem Engagement des britischen Premier-Ministers Winston Churchill zu verdanken, dass Frankreich zum Kriegsende in den Kreis der „Siegermächte" aufgenommen wurde und damit formal gleichberechtigt mit der Sowjetunion, den USA und Großbritanniens über den Neubeginn nach 1945 walten konnte.[3]

Für Frankreich spielte die Neuordnung Europas und insbesondere der Platz, den das besiegte Deutschland darin haben sollte, eine größere Rolle in den strategischen Überlegungen als bei den anderen Siegermächten. Dies hatte seine Ursachen in der geographischen und damit geopolitischen Situation und einer daraus resultierenden konfliktreichen Vorgeschichte zwischen den beiden Nationen seit dem deutsch-französischen Krieg 1870/71. Misstrauen gegenüber dem Nachbarn jenseits des Rheins stellte eine Grundkonstante französischer Politik dar, da , wie General de Gaulle 1944 sagte, die Deutschen zum Krieg neigten, weil sie von nichts anderem träumten als der Herrschaft.[4] Frankreichs besonderes Interesse an der Beantwortung der deutschen Frage kam aber auch deshalb stärker zum Vorschein, weil die anderen Siegermächte hier weniger Engagement oder Interesse zeigten[5] bzw. neue Konfliktlinien die Deutschland-Frage in ihrer Bedeutung abschwächten. Während zunächst Großbritannien und spätestens mit der Truman-Doktrin auch die USA in der Sowjetunion eine zunehmende Gefahr sahen und somit das ohnehin politisch und wirtschaftlich am Boden liegende Deutschland an Aufmerksamkeit verlor, hielt

---

[2] Vergl. Geiss, Imanuel; The Question of German Unification, 1806-1996; London/New York 1997, S. 83.
[3] Bracher, Karl Dietrich; Die Krise Europas, Propyläen Geschichte Europas; 6. Band; Frankfurt am Main/Berlin 1992; S. 226.
[4] Guillen, Pierre; La question allemande, 1945 à nos jours ; Paris 1996; S. 24.
[5] so zeigte sich etwa die us-amerikanische Deutschland-Politik –abgesehen vom Morgenthau-Plan und der Zustimmung der allgemeinen Ziele der Siegermächte – in den ersten beiden Nachkriegsjahren weitgehend konzeptionslos (vergl. Bracher, Karl Dietrich; Die Krise Europas, Propyläen Geschichte Europas; 6. Band; Frankfurt am Main/Berlin 1992; S. 227f).

Frankreich noch einige Zeit seinen Blick fest gerichtet auf die eine Frage, wie durch eine Nachkriegsordnung das deutsche Machtstreben dauerhaft beendet bzw. eingedämmt werden kann.

Mit der Konferenz von Jalta hatte sich ohne Beteiligung der Franzosen bereits im Februar 1945 ein Masterplan etabliert, der die (Grenz-)Linien für ein Europa nach der Hitler-Diktatur bereits gezogen hatte. Damit war – wenn auch womöglich zunächst ohne diese Intention – der Handlungsspielraum des Alliierten Kontrollrats, der das Nachkriegs-Deutschland neu gestalten sollte, von vornherein eingeschränkt.

1.1 Frankreich nach der deutschen Kapitulation: Strategien im Alliierten Kontrollrat

Nach der Kapitulation übernahm Frankreich mit seiner Besatzungszone im Südwesten Deutschlands Kontrolle im besiegten Land. Es konnte damit dort konkrete Vorstellungen und Konzeptionen umsetzen. Diese deutschlandpolitische Verantwortung bestätigte die französische Vorstellung, unter den weltpolitisch bedeutenden Nationen zu sein und damit einen Führungsanspruch in Europa zu behaupten.[6]

Ohnehin nahm die französische Seite mit einer gewissen Vorerfahrung ihre Rolle als Sieger ein: Mit den Friedensverhandlungen nach dem 1. Weltkrieg und dem Versailler Vertrag gab es ein veritables Beispiel, welches Gewicht die Grande Nation in dieser Frage spielen könnte. Ob die Ergebnisse des Versailler Vertrages und der damit eingeschlagene Weg einer Isolierung und Schwächung Deutschlands als Blaupause für die Zeit nach 1945 dienen könnten, stand dabei zwar auch in Frankreich zur Debatte. Schließlich konnte der Erfolg dieser Strategie durchaus bezweifelt werden, nachdem mit dem 2. Weltkrieg ein noch verheerenderer Krieg als der erste Große Krieg vom Deutschen Reich ausgelöst wurde. Doch lagen von französischer Seite hohe Erwartungen in den Chancen, die sich durch seine Rolle ergaben.

Frankreichs Zielsetzung war zunächst in einer Frage klar: Es darf kein einheitliches Deutschland mehr geben.[7] Die Vorstellungen zielten konkret auf ein internationalisiertes Ruhrgebiet, auf eine Abtrennung des Saargebiets und des Rheinlandes, auf ausgeprägt föderalistische Züge und – im allgemeinen – auf ein Deutschland, das kein einheitliches

---

[6] Bodenstein, Joanna Lucia; Frankreichs Antwort auf das Ende des Ost-West-Konfliktes, Die Reaktionen des politischen Systems auf den Umbruch 1989; Berlin 1997; S. 51.
[7] Vergl. Doernberg, Stefan; Machtpoker um die deutsche Einheit, Strategien und verpasste Chancen im ersten Jahrzehnt nach Kriegsende; Hefte zur DDR-Geschichte 54; Berlin 1999; S.6.

politisches und wirtschaftliches Gebilde darstellen sollte. Frankreich wandte sich in seiner Besatzungspolitik zunächst gegen eine zonenübergreifende Zusammenarbeit.[8] Für eben diese zonenübergreifende Zusammenarbeit hatten die USA, die Sowjetunion und Großbritannien aber bereits auf der Potsdamer Konferenz im Sommer 1945 einen Rahmen geschaffen, indem sie mit dem Alliierten Kontrollrat eine Art Vier-Mächte-Regierung für Deutschland schufen. Zwar legte man sich in Potsdam darauf fest, zunächst keine zentrale deutsche Regierung zuzulassen und entsprach damit dem föderalistischen Ansatz Frankreichs.[9] Gleichzeitig schienen die Drei allerdings Pläne aus der Zeit vor der Kapitulation, Deutschland dauerhaft aufzuspalten, ad acta gelegt zu haben.[10]

Während sich Paris den Grundaussagen der Potsdamer Konferenz zur Denazifizierung, Demilitarisierung und Demokratisierung anschließen konnte, widersprach die Idee einer Vier-Mächte-Regierung französischen Vorstellungen.[11] Entsprechend entwickelte sich auch Frankreichs Rolle im Alliierten Kontrollrat. So versuchte die französische Regierung dort gemeinsame Entscheidungen für Deutschland zu verhindern und Kooperationen zu blockieren. Dies führte zunächst vor allem zu Konflikten mit den USA und mit Großbritannien, beispielsweise in der Frage der Reparationen oder der der Ruhr-Frage.[12]

Die große Konfliktlinie im Kontrollrat zeichnete sich ohne Zweifel und im besonderen im historischen Rückblick zwischen den Sowjets einerseits und Briten und Amerikanern andererseits ab und spiegelte somit die wachsende Block-Konfrontation wider. Vollends beschleunigt und verdeutlicht wurde diese Entwicklung in den Jahren 1947/48 durch die Bildung der Bi-Zone durch Briten und Amerikaner (der sich die französische Zone wenig später angliederte), die Währungsreform in den drei westlichen Zonen, Berlin-Blockade und den Auszug der Sowjets aus dem Alliierten Kontrollrat.
Deutschland gewann als Schauplatz des Konfliktes zwischen Ost und West mehr und mehr an Bedeutung, und somit stand Frankreich mit seinen anhaltenden Fixierung auf Deutschland und dessen Eindämmung bald isoliert da. Gedrängt durch die Ereignisse der wachsenden Konfrontation mit der Sowjetunion folgte Frankreich den angloamerikanischen Schlussfolgerungen.

---

[8] Vergl. Benz, Wolfgang (Hrsg.); Deutschland unter alliierter Besatzung 1945-1949/55; Berlin 1999 sowie Martens, Stefan (Hrsg.); Vom „Erbfeind" zum Erneuerer", Aspekte und Motive der französischen Deutschlandpolitik nach dem zweiten Weltkrieg, Sigmaringen 1993.
[9] Bracher, Karl Dietrich; Die Krise Europas, Propyläen Geschichte Europas; 6. Band; Frankfurt am Main/Berlin 1992; S. 240.
[10] Doernberg, Stefan; Machtpoker um die deutsche Einheit, Strategien und verpasste Chancen im ersten Jahrzehnt nach Kriegsende; Hefte zur DDR-Geschichte 54; Berlin 1999; S.6.
[11] ebd.
[12] Guillen, Pierre; La question allemande, 1945 à nos jours ; Paris 1996; S. 28.

Zusammenfassend wird beim Blick auf die unmittelbare Nachkriegszeit deutlich, dass sich Frankreich zunächst einer deutlich anderen Situation gegenübergestellt sah als zum Ende des Ersten Weltkrieges. Während die Verhandlungen dort zum französischen Heimspiel wurden, nachdem sich Amerikaner und Briten früh zurückgezogen hatten und die Friedensfrage den Kontinentaleuropäern überließen (und die Sowjetunion durch Revolution und Bürgerkrieg keine Kraft für außenpolitische Bemühungen aufbringen konnte), musste Paris nach Ende des 2. Weltkrieges feststellen, dass alle Parteien ein veritables Interesse an der Neugestaltung des Nachkriegseuropas hatten. Im Konzert dieser Mächte konnte Frankreich keine Hauptrolle mehr spielen.

Zum anderen traf der Zerfall der Anti-Hitler-Koalition nach dem Sieg über das Deutsche Reich die Franzosen unvorbereitet. Paris musste feststellen, dass die deutsche Frage Teil einer neuen, größeren Auseinandersetzung wurde, die eine Positionierung Frankreichs im Ost-West-Konflikt einforderte. Die Vorstellung, durch die Rolle als Siegermacht entscheidend Einfluss zu nehmen auf die Neugestaltung Deutschlands und Europas, bewahrheitete sich nicht. Gleichwohl stand als Ergebnis dieses Prozesses die deutsche Teilung in zwei Staaten fest – ein Nebenprodukt des Ost-West-Konfliktes, das französischen Vorstellungen sehr entgegenkam.

1.2 Neues Gleichgewicht: Die europäische Integration

Mit der Gründung der Bundesrepublik aus den drei Westzonen und der Deutschen Demokratischen Republik als Staatsgebilde der sowjetisch besetzten Zone im Jahr 1949 manifestierte sich die deutsche Neuordnung als Teil der Gesamtneuordnung nach dem Ost-West-Muster. Die Bonner Republik befand sich wie Frankreich in der westlichen Hemisphäre unter amerikanischer Führung, und damit war auch die Bundesrepublik das Deutschland, mit dem sich Paris in erster Linie konfrontiert sah. Unter Sicherheitsaspekten entsprach dieses Deutschland zunächst französischen Vorstellungen. In Größe und Bevölkerungszahl deutlich verkleinert, ohne eigene Armee, unter Besatzungsstatut und damit außenpolitisch abhängig von der alliierten Kontrollbehörde der drei westlichen Siegermächte, der Hohen Kommission, konnte der Bundesrepublik der Anfangsjahre eine „fehlende Souveränität"[13] attestiert werden.

Weltpolitische Ereignisse wie der Beginn des Korea-Krieges im Juni 1950 und die zunehmende Konfrontation mit der Sowjetunion erhöhten allerdings den Druck, Westdeutschland voll in das westliche Verteidigungsbündnis zu integrieren. In diesem

---

[13] So Otto Kimminich; zitiert nach: Meyer-Landrut, Nikolaus; Frankreich und die Deutsche Einheit, Die Haltung der französischen Regierung und Öffentlichkeit zu den Stalin-Noten 1952; München 1988; S. 13.

Zusammenhang forderten etwa die USA im September 1950 offiziell einen deutschen Verteidigungsbeitrag. Im Gegenzug sollte die Bundesrepublik als gleichberechtigter Partner der Siegermächte anerkannt werden.[14]

In Frankreich stießen diese Überlegungen auf Widerstand, fürchtete man doch eine Rückkehr der „incertitudes allemandes"[15], der deutschen Unsicherheiten, deren man gerade erst Herr geworden war. Angesichts der Machtverhältnisse, die sich Frankreich wie zuvor dargestellt, in der Gestaltung der Nachkriegsordnung offenbart hatten, schien ein reiner Widerstand gegen deutsche Wiederbewaffnungspläne und eine damit verbundene Wiederherstellung zumindest einer Teil-Souveränität wenig erfolg versprechend.

Der Druck, alternative Einbindungsstrategien für die Bundesrepublik zu entwickeln, erhöhte sich dabei für die französische Regierung nicht nur in Sicherheits- bzw. Militärfragen. Mit der bevorstehenden Freigabe der Produktionsquoten für Kohle und Stahl Ende 1952 im Ruhrgebiet kehrte auch das Schreckgespenst eines wirtschaftlich erstarkenden Deutschlands zurück. In beiden Fragen setzte die französische Regierung auf Einbindungsversuche im europäischen Rahmen – zum Preis der Aufgabe eigener staatlicher Souveränität in diesen Bereichen.[16]

1.2.1 Die Europäische Verteidigungsgemeinschaft

Als Alternative zu einer deutschen Wiederbewaffnung schlug die französische Regierung Ende 1950 eine integrierte europäische Armee vor.[17] Erste Pläne führten zu ernsthaften Verhandlungen, die im Mai 1952 in einem Vertrag über die Europäische Verteidigungsgemeinschaft (EVG) gipfelten, der in Paris von Deutschland und Frankreich unterzeichnet wurde. Darin vorgesehen war eine europäische Militärstruktur, in der die teilnehmenden Staaten auf den Oberbefehl über ihre Truppen verzichten sollten zugunsten eines supranationalen europäischen Oberkommandos.

Ungeachtet der Tatsache, dass das EVG-Projekt weniger als zwei Jahre später am Widerstand der französischen Nationalversammlung scheitern sollte, bleibt doch festzuhalten, dass damit eine neue Methode in die französische Deutschlandpolitik Einzug gehalten hatte. Statt äußerer Eindämmungsversuche, die in unterschiedlicher Form den

---

[14] Vergl. Meyer-Landrut, Nikolaus; Frankreich und die Deutsche Einheit, Die Haltung der französischen Regierung und Öffentlichkeit zu den Stalin-Noten 1952; München 1988; S. 15.

[15] Dieser Begriff geht auf ein gleichnamiges Buch des französischen Historikers Pierre Viénot aus dem Jahre 1931 zurück. Zitiert nach Neßhöver, Christoph; Eine Politik der „reaktiven Anpassung"; S. 107; in: Bruck, Elke (Hrsg.); Wege zum „2+4"-Vertrag, Die äußeren Aspekte der Deutschen Einheit; München 1996.

[16] Mit der Initiative zur Gründung des Europarates 1949 hatte Frankreich bereits erste Weichen Richtung Europa gestellt.

[17] Meyer-Landrut, Nikolaus; Frankreich und die Deutsche Einheit, Die Haltung der französischen Regierung und Öffentlichkeit zu den Stalin-Noten 1952; München 1988; S. 14.

deutschen Machteinfluss beschneiden sollte, setzte Paris nun auf Kontrolle durch Einbindung und Kooperation. Und dazu zeigte sich die französische Regierung gar bereit, in einem im traditionellen Staatsverständnis als Kernaufgabe zu wertenden Bereich die eigene Souveränität an eine supranationale Ebene abzugeben.

1.2.2 Die Montan-Union: Startpunkt des europäischen Integrationsprojekts

Mit demselben Prinzip reagierte die französische Regierung auf die Pläne der USA und Großbritanniens, der Bundesrepublik das wirtschaftliche Potential des Ruhrgebietes zurückzugeben und die internationale Kontrolle zu beenden. Auch dieses angloamerikanische Engagement muss im Zusammenhang des sich verschärfenden Konfliktes mit der Sowjetunion gesehen werden. Mit dieser Lockerung der kriegsbedingten Einschränkungen sollte Westdeutschland als Frontstaat im Ost-West-Konflikt gewonnen und auch wirtschaftlich für die Wahrnehmung dieser Aufgabe gestärkt werden.[18]

Bereits im Frühjahr 1950 entwickelte der Chef des französischen Planungsstabes, Jean Monnet, einen Plan, Kohle- und Stahlproduktion gemeinsam deutsch-französisch zu verwalten – und diesen Rahmen für andere europäische Staaten zu öffnen.[19] Diese Vorüberlegungen, die der französische Außenminister Schuman im Mai 1950 öffentlich verkündete, führten zwei Jahre später zur Gründung der Europäischen Gemeinschaft für Kohle und Stahl (EGKS), der sich neben Deutschland und Frankreich auch die Benelux-Staaten sowie Italien anschlossen.

Statt also nach dem Ende der internationalen Ruhr-Kontrolle die Verfügbarkeit über das enorme Wirtschaftspotential an Deutschland zurückzugeben, sollte es unter die Kontrolle eines europäischen Kommissariats gestellt werden. Auch hier folgte Frankreich dem Prinzip, für die Einbindung und die Kontrolle Deutschlands den Preis der Souveränitätsabgabe an eine supranationale Institution zu zahlen.

Nach den Erfahrungen der begrenzten Einflussmöglichkeiten im Kreis der Siegermächte des 2. Weltkrieges zeichnete sich Anfang der 1950er Jahre ein neuer strategischer Schwerpunkt Frankreichs in bezug auf die Deutschlandfrage ab. Über europäische Integrationsschritte sollte die Bundesrepublik fest an seinen Nachbarn jenseits des Rheins gebunden werden. Dominanzversuche waren dabei zumindest formal ausgeschlossen, schließlich sahen der Rahmen des EGKS-Vertrages und auch der folgenden Römischen Verträge eine

---

[18] Vergl. Guillen, Pierre; La question allemande, 1945 à nos jours ; Paris 1996; S. 53.
[19] Ebd.

gleichberechtigte Struktur vor, in der die Mitgliedsstaaten agieren. Mit dieser Konzentration auf den (west-)europäischen Weg versuchte Frankreich eigene Handlungsmöglichkeiten zu finden, die europäische Ordnung trotz der Bedingungen der Block-Konfrontation im eigenen Sinne zu gestalten.[20]

Das Prinzip der Kooperation führte dabei allerdings zu immer wiederkehrenden Konflikten mit dem französischen Staats- und Selbstverständnis. Die Bewahrung der nationalen Unabhängigkeit, die vor allem unter Präsident de Gaulle eine besondere Bedeutung einnahm und sich u.a. in der atomaren Bewaffnung, dem Austritt Frankreichs aus der gemeinsamen Kommandostruktur der NATO oder auch der „Politik des leeren Stuhls"[21] ausdrückte, passte nicht zu einer Integrationspolitik, deren wichtiges Instrument die Abgabe von staatlicher Souveränität darstellte.[22]

1.3 Furcht vor Deutschlands „Drang nach Osten"

Eine weitere Grundlinie französischer Deutschlandpolitik war bestimmt durch die Sorge, Deutschland könne in Erwartung besserer Bedingungen und Angebote aus der westlichen Bindung ausscheren und sich nach Osten orientieren. Diese Befürchtungen fanden ihre Ursache in den Erfahrungen mit der Außenpolitik des Deutschen Reiches zu Beginn der 1920er Jahre. Das durch den Versailler Vertrag international isolierte Deutschland suchte damals die Rückkehr auf die internationale Bühne durch Kooperation mit der Sowjetunion – diese Bemühungen führten 1922 zum Vertrag von Rapallo, in dem beide Staaten die Aufnahme diplomatischer Beziehungen und den Verzicht gegenseitiger Ansprüche aus dem 1. Weltkrieg beschlossen.

Es ist zu diskutieren, ob diesen Ängsten in der Zeit nach dem 2. Weltkrieg Nährboden geliefert wurde, stellte sich doch die Situation in einem entscheidenden Punkt grundlegend anders dar. Eine machtpolitische Isolierung Deutschlands, wie sie nach 1918/19 auf Betreiben Frankreichs etabliert wurde, stand in den Konzeptionen des Nachkriegs-Deutschland nicht zur Debatte. Und auch in der faktischen Politik zeigte sich, dass Deutschland in seinen beiden Teilen eng in die jeweilige Einflussphäre eingebunden wurde.

---

[20] Vergl. Meyer-Landrut, Nikolaus; Frankreich und die Deutsche Einheit, Die Haltung der französischen Regierung und Öffentlichkeit zu den Stalin-Noten 1952; München 1988; S. 30f.
[21] Mit dem Begriff der „Politik des leeren Stuhls" bezeichnet man die Phase in den 60er Jahren, als sich Frankreich aus der EG zeitweise zurückzog und so Entscheidungen blockierte.
[22] Vergl. Neßhöver, Christoph; Eine Politik der „reaktiven Anpassung"; S. 109; in: Bruck, Elke (Hrsg.); Wege zum „2+4"-Vertrag, Die äußeren Aspekte der Deutschen Einheit; München 1996.

Dennoch tauchte die Sorge vor dem deutschen „Drang nach Osten" reflexartig auf, wenn die Bundesrepublik Initiativen in der Deutschlandpolitik unternahm.[23]

So wurde etwa die Ostpolitik der sozialliberalen Koalition in den 1970er Jahren als möglicher Wegbereiter einer „Selbstfinnlandisierung" gewertet.[24] Auch die massiven Proteste in der westdeutschen Bevölkerung gegen den NATO-Doppelbeschluss Anfang der 1980er Jahre verursachten Irritationen in Frankreich und riefen den „Rapallo-Komplex"[25] hervor. Dahinter steckte die Befürchtung vor einer heimlichen Verständigung zwischen Deutschen und Sowjets auf Kosten der anderen Europäer.[26]

Neben dem Rapallo-Vertrag lieferten die Stalin-Noten von 1952 die Blaupause für einen möglichen „deal" zwischen Deutschland und der Sowjetunion. In den Noten hatte der sowjetische Staatschef den anderen Siegermächten und den beiden deutschen Staaten die Wiedervereinigung angeboten. Die zentrale Bedingung bestand dabei in einer Neutralität Deutschlands.

Ungeachtet der Frage, wie ernst dieses Angebot zu nehmen war und ob sich dahinter eine Möglichkeit für eine deutsche Wiedervereinigung geboten hätte, hinterließen die Noten ein Konzept für die Lösung der deutschen Frage: Wiedervereinigung gegen Neutralität. Ein vereinigtes und neutrales Deutschland widersprach diametral den politischen Vorstellungen Frankreichs, das auf Teilung und Einbindung in vor allem europäische, aber auch atlantische Strukturen setzte.

---

[23] Neßhöver, Christoph; Eine Politik der „reaktiven Anpassung"; S. 107; in: Bruck, Elke (Hrsg.); Wege zum „2+4"-Vertrag, Die äußeren Aspekte der Deutschen Einheit; München 1996; S. 108.
[24] Ebd.
[25] Steffens, Mechthild/Uschakow, Alexander; Die deutsche Frage in der juristischen und politikwissenschaftlichen Literatur des Auslandes seit 1980; Bonn 1993; S. 76.
[26] Ebd.

2 1989/90: neue Herausforderungen für die französische Deutschlandpolitik

Mit dem Fall der Berliner Mauer und der innerdeutschen Grenze am 9. November 1989 kündigte sich mit starker Symbolik das Ende des Status quo der Nachkriegsordnung an. Der Erosionsprozess im Ostblock, der sich bereits durch die ungarische „Grüne Grenze", zunehmende Flüchtlingsströme aus der DDR über Ungarn und die Tschechoslowakei in den Westen und lauter werdende Oppositionsbewegungen in den Staaten des Warschauer Paktes ankündigte, schien in dieser Nacht so weit vorangeschritten, dass das Symbol der Ost-West-Konfrontation, die Mauer in Berlin, gleichsam lautlos fallen konnte. Die sowjetischen Panzer blieben in ihren Kasernen.

Frankreich hatte sich in dem Status quo der Vorkriegszeit eingerichtet, wenn auch nicht ohne ein inneres Spannungsverhältnis.[27] Einerseits garantierten die bestehenden Sicherheitsstrukturen der Ost-West-Polarität die deutsche Teilung und gaben der westeuropäischen Integration durch die äußere Bedrohung von Osten einen Rahmen. Die Ordnung von Jalta entsprach somit durchaus französischem Interesse, eine Wiedervereinigung Deutschlands keineswegs.[28] So bestätigte der damalige sozialistische Oppositionsführer Mitterrand im Juni 1979, dass er im Sinne des europäischen Gleichgewichts, der Sicherheit Frankreichs und der Bewahrung des Friedens eine Wiedervereinigung „weder für wünschenswert noch für möglich" hält.[29]

Andererseits war eben diese Ordnung von Jalta eine auch auf Frankreich oktroyierte. Die Überwindung bzw. zumindest die Auflockerung des Blockgefüges stellte daher eine Kernidee französischer Außenpolitik dar – schon allein um im Konflikt der Supermächte eigene Akzente setzen zu können.[30]

Ende 1989 zeichnete sich das Ende des europäischen Blocksystems ab und provozierte die Frage, was nach dem Ende des europäischen Status quo Grundlinien einer neuen Sicherheitspolitik sein könnten.

---

[27] So Neßhöver, Christoph; Eine Politik der „reaktiven Anpassung"; S. 109f; in: Bruck, Elke (Hrsg.); Wege zum „2+4"-Vertrag, Die äußeren Aspekte der Deutschen Einheit; München 1996.
[28] Zumal nicht eine Wiedervereinigung zu einem neutralen Deutschland zwischen den Blöcken, da neben den geopolitischen Erwägungen auch strategisch-militärische hier eine Rolle spielten: Westdeutschland war aus französischer Sicht das Vorfeld „glacis" im Ost-West-Konflikt – eine Neutralität hätte die Konfliktlinie an den Rhein verlegt. (vergl. Neßhöver, Christoph; Eine Politik der „reaktiven Anpassung"; S. 109)
[29] Mitterrand in einem Interview mit der Zeitung ‚le Monde' am 1.6.1979. Zitiert nach Weisenfeld, Ernst; Welches Deutschland soll es sein? Frankreich und die deutsche Einheit seit 1945, München 1986; S. 156.
[30] Neßhöver, Christoph; Eine Politik der „reaktiven Anpassung"; S. 109.

2.1 Die Suche nach einer Strategie

Aus den Jahren nach dem 2. Weltkrieg, als Frankreich zuletzt Konzeptionen im Umgang mit der deutschen Frage entwickeln musste, konnten zwei Grundlinien ausgemacht werden: Der Versuch, machtpolitisch über den Status als Siegermacht Einfluss zu nehmen und wenn auch nicht gestalterisch so zumindest auf dem Veto-Weg über die deutsche Frage (mit)zu entscheiden, oder aber auf dem Kooperationswege die deutsche Frage europäisch einzubetten.

Die ersten Wochen und Monaten nach dem 9. November 1989 waren geprägt durch eine gewisse Orientierungslosigkeit auf französischer Seite, mit welcher Strategie auf diese neuen Herausforderungen reagiert werden sollte. Zunächst kamen traditionelle Ängste über die „deutschen Unsicherheiten" wieder zum Vorschein, die dazu führten, dass ablehnende Reflexe bestimmend hervortraten.[31] Es konnte der Eindruck entstehen, als wolle die französische Regierung die deutsche Wiedervereinigung schlicht verhindern.[32]

Die französische Politik reagierte auf die an Dynamik gewinnende Entwicklung hin zu einer Wiedervereinigung mit Bremsversuchen. Die Vereinigung sollte in eine längerfristige Perspektive gestellt werden. Es wäre zu kurz gegriffen, diese zögerliche Haltung allein auf die Frage einer möglichen deutschen Wiedervereinigung und die damit einhergehenden Ängste zurückzuführen. Gerade in den unmittelbaren Tagen nach dem Fall der Mauer fürchtete Paris, dass eine rasante Entwicklung in der deutschen Frage unberechenbare Reaktionen der Sowjetunion hervorrufen und damit den Öffnungs- und Reformkurs Gorbatschows gefährden könnte. Es galt den – sich nur wenig später historisch bestätigenden – Eindruck zu verhindern, mit dem Fall der Mauer stehe für Moskau der Niedergang und die Niederlage im Ost-West-Konflikt bevor.[33]

Als entscheidend in diesem Zusammenhang stellte sich die Stabilität und das Gewicht der DDR dar. Eine außenpolitisch vom westlichen Ausland ernstgenommene DDR wäre auch innerlich gestärkt und könnte die Auflösungsprozesse des zweiten deutschen Staates stoppen bzw. verlangsamen. In diesem Zusammenhang muss der Staatsbesuch von Mitterrand in der DDR Ende Dezember 1990 betrachtet werden. Der französische Staatspräsident setzte damit ein Signal, die Eigenstaatlichkeit Ost-Berlins zu stützen.[34] Der Abschluss eines Fünf-Jahres-Abkommens zwischen den beiden Staaten, das von der

---

[31] Vergl. Neßhöver, Christoph; Eine Politik der „reaktiven Anpassung"; S. 110.
[32] Ebd.
[33] Vergl. Szabo, Stephen F.; The Diplomacy of German Unification; New York 1992; S. 57.
[34] Bodenstein, Joanna Lucia; Frankreichs Antwort auf das Ende des Ost-West-Konfliktes, Die Reaktionen des politischen Systems auf den Umbruch 1989; Berlin 1997; S. 61.

Wirtschaftskooperation bis zum Jugendaustausch zahlreiche gemeinsame Projekte vorsah, gibt einen Einblick in französische zeitliche Perspektiven für den Wiedervereinigungsprozess. Mindestens bis 1994 ging man demnach in Paris von zwei deutschen Staaten aus.

Gleichzeitig versuchte die französische Regierung, eine französisch-russische Allianz wiederauferstehen zu lassen. Mitterrand sah in der Sowjetunion einen wichtigen Partner für die Forderung, bei einer möglichen Wiedervereinigung den Realitäten der Nachkriegsordnung einen wichtigen bzw. gar entscheidenden Stellenwert beizumessen.[35] Vor allem in der –später zu erörternden- Frage der NATO-Mitgliedschaft eines vereinigten Deutschlands erwartete Frankreich Widerstände aus Moskau, die zu einer Verlangsamung des Prozesses führen würden.

Dass Frankreich entscheidend Einfluss nehmen wollte auf die Entwicklungen in der deutschen Frage nach dem Fall der Mauer, zeigte sich durch eine umfassende diplomatische Tätigkeit des Staatspräsidenten Mitterrand in der unmittelbaren Zeit danach.[36] So lud er als amtierender EG-Ratspräsident die Staats- und Regierungschef der Gemeinschaft am 18. November 1989 zu einer außerordentlichen Versammlung nach Paris ein. Auf französische Initiative gingen auch Gespräche zwischen Mitterrand und Gorbatschow Anfang Dezember in Kiew zurück, wenige Tagen später beriet sich der französische Präsident mit seinem amerikanischen Kollegen und abschließend trafen Mitterrand und die britische Premierministerin Thatcher im Januar 1990 zusammen. Thema all dieser Gespräche war die Frage, wie dem lauter werdenden Ruf in beiden deutschen Staaten nach einer Vereinigung begegnet werden sollte.

Verärgerung auf französische Seite erregte unterdessen der von Bundeskanzler Kohl am 28. November 1989 vorgelegte Zehn-Punkte-Plan, der nicht im Vorfeld mit Paris abgestimmt war. Die westdeutsche Initiative „zur Überwindung der Teilung Deutschlands und Europas" sah einen Etappenplan vor, der über eine Vertragsgemeinschaft und konföderative Strukturen zu einer Föderation innerhalb einer gesamteuropäischen Annäherung führen sollte. Aus französischer Perspektive fehlten in dieser Konzeption zwei wichtige Aspekte: die Frage der deutschen Ost- bzw. der polnischen Westgrenze (hier erwartete Paris ein klares Bekenntnis zur Oder-Neiße-Linie) und die Anerkennung des Vier-Mächte-Status als wichtiger Entscheidungsrahmen der deutschen Frage. Das besondere bilaterale Verhältnis zwischen

---

[35] Bodenstein, Joanna Lucia; Frankreichs Antwort auf das Ende des Ost-West-Konfliktes; S. 63
[36] Ebd.; S. 59f.

Deutschland und Frankreich hätten zudem eine Abstimmung über diese deutschlandpolitische Initiative aus Mitterrands Sicht erwarten lassen.[37]

Auf Kohls Alleingang reagierte Mitterrand tags darauf mit einer deutlichen Aussage zum Selbstbestimmungsrecht der Deutschen in dieser Frage. Zwar sei es zunächst nötig, den Willen eines Volkes zu berücksichtigen, dieses sei aber keine hinreichende Größe.[38] Der französische Außenminister Dumas ergänzte den Ansatz: Bedingung für die Ausübung des deutschen Selbstbestimmungsrecht seien nicht nur die Entscheidung des deutschen Volkes und der beiden deutschen Staaten, sondern auch die Zustimmung der Mächte, die den deutschen Status garantierten.[39]

Paris stellte damit klar, dass die äußeren Aspekte der Einheit zwischen den Vier Mächten und gemeinsam mit den beiden deutschen Staaten geregelt werden sollten. Der im Februar 1990 zwischen den Vier Mächten vereinbarte Weg, die Verhandlungen im Rahmen von „2+4" zu führen, entsprach daher den französischen Vorstellungen, wenn auch Außenminister Dumas gegenüber seinem amerikanischen Kollegen Baker deutlich machte, dass Frankreich (wie auch Großbritannien) eine „4+0"-Lösung bevorzugen würden – Verhandlungen also ohne direkte Beteiligung der beiden deutschen Staaten.[40]

2.2 Die Reaktionen und Strategien der anderen Siegermächte

Die Ereignisse im Herbst 1989 führten auf allen in der Deutschland-Frage betroffenen Seiten zu Diskussionen, zu neuen Fragen und der Suche nach Antworten, mit denen man der sich anbahnenden Situation begegnen sollte. Das galt selbstverständlich für die westeuropäischen Staaten ebenso wie für die östlichen Nachbarn, in erster Linie Polen. Besonderes Gewicht kam aber den Siegermächten des 2. Weltkrieges zu, da in ihren Händen die Entscheidung über die vollständige Rückgabe der Souveränität an ein vereinigtes Deutschland lag. Frankreichs Strategien im Umgang mit der sich aktuell stellenden deutschen Frage sollten deshalb auch nicht unbeeinflusst bleiben von den Positionierungen der anderen Siegermächte – in erster Linie auf alliierter Seite im Rahmen

---

[37] Bodenstein, Joanna Lucia; Frankreichs Antwort auf das Ende des Ost-West-Konfliktes; S. 60.
[38] Ebd.
[39] Ebd.
[40] Szabo, Stephen F.; The Diplomacy of German Unification; New York 1992; S. 61.

des atlantischen Bündnisses, aber auch mit Blick auf die „Schutzmacht" der DDR, die Sowjetunion.

2.2.1 Fürsprecher der Einheit: die USA

Gerade im historischen Rückblick erscheinen die Vereinigten Staaten als wichtigster Unterstützer Deutschlands im Streben nach einer Wiedervereinigung. Bereits sechs Tage nach dem Mauerfall teilte US-Außenminister Baker seinem deutschen Kollegen Genscher mit, die USA gäben ihr Ja zur deutschen Selbstbestimmung und damit zur Einheit und Wiedervereinigung. Dem vorausgegangen war an Telefonat zwischen Kanzler Kohl und US-Präsident Bush am 10. November 1989: Darin hatte Bush Kohl seine allergrößte Hochachtung für dessen Deutschlandpolitik ausgedrückt.[41] Bei beiden genannten Gesprächen machte die amerikanische Seite aber auch Einschränkungen. Die deutsche Frage müsse mit Rücksicht auf die Interessen Moskaus angegangen werden. Washington warnte vor einem zu großen Tempo.

Gleichzeitig stellte die amerikanische Seite klar, dass eine Wiedervereinigung nur im Rahmen einer NATO-Mitgliedschaft Deutschlands vorstellbar sei. Die USA hatten damit bereits Anfang Dezember 1989 auf dem NATO-Gipfel eine erste Grundprämisse – und möglicherweise eine entscheidende Hürde – ins Spiel gebracht. Die Frage nach den Grenzen eines souveränen Deutschlands beantworte Washington mit Verweis auf die bestehenden der beiden deutschen Staaten. Anfang Februar 1990 schlug Bush vor, dass die Bundesrepublik sich dafür bei den Nachbarn, vor allem bei Polen in bezug auf die Oder-Neiße-Linie, verbürgen solle.[42]

Damit hatten die USA drei Kernlinien abgesteckt:
1. Unterstützung des Selbstbestimmungsrechts der Deutschen und damit ein grundsätzliches Ja zur Wiedervereinigung. Diesem auch von anderen Seiten hervorgebrachten Bekenntnis konnte man durchaus mehr Gewicht beimessen, da es ohne das Junktim einer Betonung der europäischen Nachkriegsordnung und ihrer Überwindung nur im europäischen Prozess abgelegt wurde.[43]
2. Keine Wiedervereinigung ohne Westbindung (NATO)
3. Anerkennung der bestehenden Außengrenzen der beiden deutschen Staaten, insbesondere der Oder-Neiße-Linie.

---

[41] Junghanns, Carsten; Die Rolle Helmut Kohls im deutschen Vereinigungsprozeß; Berlin 1999; S. 65.
[42] Ebd.; S. 66.
[43] Wenn auch die Einbettung des Prozesses in den gesamteuropäischen Prozess durchaus im amerikanischen Interesse lag. Hier geht es vielmehr um „rethorische" Prioritätensetzungen.

Einen wichtigen Stellenwert nahm aber auch das politische Klima zwischen Bonn und Washington ein: Bush schien Kohl in seinen Bemühungen um die deutsche Einheit bei Wahrung der atlantischen Bindungen und Einbettung des Prozesses in den gesamteuropäischen Aspekt „blind" zu vertrauen.[44] Das zeigte nicht zuletzt die unterstützende amerikanische Reaktion auf Kohls „10-Punkte-Plan", der bei den anderen Alliierten und besonders bei der Sowjetunion weit weniger positiv aufgenommen wurde.

2.2.2 Vorbehalte in London

Großbritannien stand unter zwei Aspekten in einem ähnlichen Verhältnis zu Deutschland wie Frankreich: zum einen befand man sich gemeinsam im westeuropäischen Integrationsprozess, zum anderen hatten beide Nationen die Aggression Hitler-Deutschlands anders als die USA unmittelbar im eigenen Land durch Besetzung bzw. Angriffe erlebt. Es mag zur Erklärung beitragen, warum der Wille zur Wiedervereinigung in beiden Ländern mit größerer Besorgnis aufgenommen wurde als im fernen Amerika. So reagierte auch die britische Regierung verhalten auf die Ereignisse des 9. November 1989 – und dies sehr viel deutlicher als die französische Seite.[45]

Denn während sich dort zumindest Bekenntnisse zum deutschen Selbstbestimmungsrecht fanden, vermied Premierministerin Margaret Thatcher in ihrer ersten Stellungnahme zu den Ereignissen das Wort Wiedervereinigung. Sie sprach vielmehr von der Notwendigkeit einer Demokratisierung der DDR, aber auch der anderen Ost-Block-Staaten einschließlich der Sowjetunion, bevor von einer solchen gesprochen werden könnte.[46] Sie betonte zudem die Zugehörigkeit der DDR zum Warschauer Pakt und warnte vor der Gefahr großer Veränderungen. Zugleich betonte sie bereits auf dem EG-Sondergipfel im November 1989 die besondere Verantwortung der Vier Mächte.

Thatchers Abneigung gegen eine deutsche Wiedervereinigung beruhte vor allem auf drei Szenarien, die London bei einem schnellen Prozess erwartete: Erstens ein dominantes Deutschland innerhalb Europas und insbesondere innerhalb der EG, zweitens eine beschleunigte europäische Integration zur Einbindung Deutschlands sowie einer damit verbundenen Stärkung des deutsch-französischen Blocks und drittens einen schrittweisen Rückzug der amerikanischen Truppen aus Deutschland und damit ein Gewichtsverlust für die transatlantischen Beziehungen.[47]

---

[44] Weidenfeld, Werner; Außenpolitik für die deutsche Einheit; Geschichte der deutschen Einheit- Band IV; Stuttgart 1998; S. 127.
[45] Weidenfeld, Werner; Außenpolitik für die deutsche Einheit; S. 94.
[46] Junghanns, Carsten; Die Rolle Helmut Kohls im deutschen Vereinigungsprozeß; Berlin 1999; S. 65.
[47] Edb.

Angesichts dieser Einstellungen Londons war eine enge Zusammenarbeit von Frankreich und Großbritannien in dieser Frage schwer vorstellbar. Zwar teilte man die Ängste vor einem dominanten Deutschland in Europa, für Frankreich war aber gerade die europäische Integration und Vertiefung eine mögliche Antwort darauf und keines falls eine Drohkulisse. Auch in der Bewertung des transatlantischen Verhältnisses standen die beiden Länder in historischer Kontinuität auf anderen Standpunkten.

Ein Rückzug amerikanischer Truppen aus Europa war keineswegs erstes französisches Ziel. Gleichwohl hätte ein solcher die französischen Pläne einer Europäisierung Europas gestützt. Mit Blick auf diese unterschiedlichen Reaktionen muss es nicht verwundern, dass die Bemühungen Thatchers im Januar 1990, dem wiedervereinigten Deutschland eine britisch-französische Ententepolitik entgegenzusetzen, an Mitterrand Widerstand scheiterten.[48]

2.2.3 Moskau als Schlüssel zur Einheit

Dass gerade Moskau eine Schlüsselrolle bei den anstehenden Entscheidungen über das Ob und das Wie einer Wiedervereinigung zukommen würde, erklärte sich aus dem Status quo der Nachkriegsordnung. Die deutsche Teilung vollzog sich durch den aufziehenden Ost-West-Konflikt und wurde durch diesen 40 Jahre aufrechterhalten – jede Veränderung in der deutschen Frage war somit auf den Interessenausgleich zwischen Ost und West angewiesen. Und hier bahnte sich ein Ungleichgewicht für die Sowjetunion an, drohte ihr doch ein Bündnispartner und Vorfeld im Kalten Krieg, die DDR, abhanden zu kommen. In der Logik des Ost-West-Konfliktes wäre ein Aufgehen der DDR in ein vereinigtes, aber durch die Traditionen der Bundesrepublik westlich gestaltetes Deutschland aus sowjetischer Sicht als Niederlage zu werten gewesen. In diesem Zusammenhang ist Gorbatschows eigene Einschätzung bezeichnend, interessanterweise von Mitterrand in einem Interview widergegeben, im Falle einer deutschen Vereinigung werde er durch einen russischen General ersetzt.[49]

Vor diesem Hintergrund lassen sich auch die ersten Reaktionen nach dem Mauerfall werten, die auf einen Fortbestand einer unabhängigen DDR zielten. Ausdruck fand dies u.a. in der ersten Reaktion Gorbatschows gegenüber Helmut Kohl am Tag nach dem Fall der Mauer, als dieser ein unmissverständliches Nein zu der Veränderung der bestehenden

---

[48] Junghanns, Carsten; Die Rolle Helmut Kohls im deutschen Vereinigungsprozeß; Berlin 1999; S. 64.
[49] Zitiert nach: Bodenstein, Joanna Lucia; Frankreichs Antwort auf das Ende des Ost-West-Konfliktes; S. 64.

europäischen Grenzen äußerte.[50] Einen Höhepunkt dieser ablehnenden Haltung stellte die Reaktion Moskaus auf den westdeutschen „10-Punkte-Plan" dar, der als Destabilisierungsversuch der DDR gewertet wurde und als eine Einmischung in die inneren Angelegenheiten Ost-Berlins. Gorbatschow betonte nochmals gegenüber Außenminister Genscher, dass es zwei souveräne deutsche Staaten gebe und lediglich eine Annäherung dieser in naher Zukunft möglich sei.[51]

Die in den folgenden Monaten stattfindende 180-Grad-Wende der sowjetischen Deutschlandpolitik in der Frage der Zweistaatlichkeit, aber auch in der der Bündniszugehörigkeit eines vereinigten Deutschlands stellt ohne Frage einen der interessantesten Aspekte des Wiedervereinigungsprozesses dar, der hier nicht näher erörtert werden soll.

Unter der Fragestellung, inwieweit eine Interessenabstimmung und ein gemeinsames Vorgehen mit Frankreich möglich war, zeigen sich aber gerade hier die Probleme. Die Bemühungen Mitterrands vor allem in der Anfangsphase, in enger Abstimmung mit Gorbatschow die Zügel über den Verlauf und das Tempo des Einigungsprozesses in der Hand zu halten, mussten letztendlich auch an diesen Positionswechseln scheitern. Bezeichnend ist in diesem Zusammenhang eine Aussage Mitterrands Ende Mai 1990: „Gorbatschow wird von mir verlangen, dass ich mich der deutschen Wiedervereinigung widersetze. Ich würde es mit Vergnügen tun, wenn ich glaubte, dass er mir bei der Stange bleibt. Aber warum soll ich mich mit Kohl überwerfen, wenn Gorbatschow mich drei Tage später fallen lässt?"[52]

2.2.4 Die Formel „2+4" als Verhandlungsrahmen

Bei allen Unterschieden in den Reaktionen der vier Siegermächte auf die neue Situation nach dem Fall der Mauer kristallisierte sich doch eine gewisse Einigkeit in einem Punkt heraus: eine aktive Rückbesinnung auf ihre Rechte und Verantwortlichkeiten für Deutschland und Berlin als Sieger des 2. Weltkrieges.[53] Andere Wege, die außenpolitischen Herausforderungen der deutschen Frage zu lösen, gerieten damit spätestens Anfang des Jahres 1990 ins Hintertreffen. Dies entsprach durchaus auch den westdeutschen Interessen – und nach der ersten freien Volkskammerwahl Anfang März 1990 auch denen der neu gewählten Regierung unter Lothar de Maiziere. Sowohl der Rahmen der Konferenz für

[50] Weidenfeld, Werner; Außenpolitik für die deutsche Einheit; S. 79.
[51] Ebd.; Seite 122ff.
[52] Zitiert nach: Albrecht, Ulrich; Die internationale Regelung der Wiedervereinigung; in: Aus Politik und Zeitgeschichte; B 40/96; S. 10.
[53] Weidenfeld, Werner; Außenpolitik für die deutsche Einheit; S. 94.

Sicherheit und Zusammenarbeit in Europa (KSZE) als auch das Aushandeln von Friedensverträgen mit den beteiligten Staaten des 2. Weltkrieges hätte sehr viel schwierigere Verhandlungen erwarten lassen.[54]

2.3 Annäherung an neue Realitäten

Die Entwicklungen nach dem Fall der Mauer führten zu einer faktischen Eingrenzung der Konzeptionen Frankreichs zur Lösung der deutschen Frage. In diesem Zusammenhang ist in erster Linie der Erosionsprozess der DDR zu nennen, der sich zum einen durch die anhaltende Ausreise einer großen Zahl von DDR-Bürgern gen Westen ausdrückte, zum anderen durch einen stetigen Autoritätsverlust der zwar personell ausgetauschten, aber dennoch von der SED dominierten Regierung und der damit einhergehenden zunehmenden Funktionsschwäche der staatlichen Institutionen.[55] Insgesamt hatte man in Paris den Willen der ostdeutschen Bevölkerung zur Einheit mit der Bundesrepublik unterschätzt.[56]
Ein zweiter Aspekt war die entschlossene Rückendeckung Washingtons für die Politik Kohls, die zunehmend auf eine schnelle Wiedervereinigung zielte.

Mitterrands Gestaltungsversuche scheiterten aber auch an der sowjetischen Haltung. Zunächst hatte man den sowjetischen Widerstand gegen eine deutsche Einheit offensichtlich überschätzt.[57] Es zeigte sich zudem, dass Gorbatschow in direkten Verhandlungen mit Bonn bessere Ergebnisse für sich erwartete als durch äußere Rahmensetzungen mit Paris. Für eine Allianz-Politik war da kein Raum.
Dabei ging es um mehr als Bremsversuche. Der französische Präsident versuchte die neue Situation in Europa mit weitreichenden sicherheitspolitischen Konzeptionen zu gestalten, indem er Gorbatschow die Skizze der Auflösung der militärischen Blöcke zugunsten einer gesamteuropäischen Sicherheitsarchitektur unter Einschluss der Sowjetunion vorlegte.[58]
Dieser Versuch, in der Tradition französischer Nachkriegspolitik auf eine Überwindung der Ordnung von Jalta hinzuarbeiten und aktiv die Neuordnung Europas in Europa (und nicht

---

[54] Weidenfeld, Werner; Außenpolitik für die deutsche Einheit; S. 94.
[55] Vergl. Weidenfeld, Werner; Außenpolitik für die deutsche Einheit; S. 60f.
[56] Neßhöver, Christoph; Eine Politik der „reaktiven Anpassung"; S. 114ff.
[57] Ebd.
[58] Dieser Überlegungen bewegten sich außerhalb der öffentlichen Debatten jener Zeit, finden sich allerdings in den später zugänglich gemachten sowjetischen Protokolle. (vergl. Plato, Alexander v.; Die Vereinigung Deutschlands – ein weltpolitisches Machtspiel, Bush, Gorbatschow und die geheimen Moskauer Protokolle; Berlin 2002; S. 423f.)

unter maßgeblichen Einfluss der USA) zu gestalten, fand offensichtlich keinen fruchtbaren Boden in Moskau.

Auch durch diese Erfahrung zeichnete sich für Frankreich mehr und mehr ab, dass die maßgeblichen Entscheidungen in Washington, Moskau und Bonn fallen würden und nicht an der Seine.[59] Neben dieser allgemeinen Erkenntnis deutete sich durch die Entwicklungen auch in zwei inhaltlichen Kernfragen Linien ab, auf die es zu reagieren galt. Zum ersten schien die Frage des Obs einer deutschen Einheit vom Tisch – durch die Erosion der DDR und die amerikanische Rückendeckung für das Ziel, Deutschland zu vereinen, stellte sich nun nur noch die Frage nach dem Wie. Dass die Wiedervereinigung sicher sei, erklärte Mitterrand intern in seiner Regierung bereits am 16. Januar 1990. Seine Einschätzung beruhte dabei auch auf der Annahme, dass die Sowjetunion weder „psychologische noch politische Mittel" habe, um irgendetwas zu verhindern.[60] Trotz dieser Einschätzung blieb die französische Regierung auch in der Folgezeit zurückhaltend mit öffentlichen Äußerungen und schien abzuwarten, wie sich vor allem die anderen europäischen Staaten positionieren sollten.[61]

Mit der Erwartung, dass es zur Einheit kommen werde, stellte sich die Frage nach der Verortung Deutschlands in der Bündnislandschaft. Eine Neutralität konnte aus französischer Sicht nicht in Frage kommen. Diese Nachkriegskonstante französischer Deutschlandpolitik hat nichts an Stellenwert für Paris verloren. Da Mitterrands Versuche einer Neukonzeption europäischer Sicherheitsstruktur jenseits von NATO und Warschauer Pakt keinen Rückhalt fanden, war die Antwort in einer zweiten Kernfrage nahezu zwangsläufig festgelegt: Ein vereinigtes Deutschland muss Mitglied des nordatlantischen Bündnisses sein.

2.4 Frankreichs strategische Antwort: das „2+4"-Konzept

Nach den ersten Irritationen, der Wiederkehr mancher Bedrohungsszenarien aus der deutsch-französischen Geschichte und einer darauf folgenden Abschätzung realistischer Perspektiven angesichts der zunehmenden Beschleunigung der Ereignisse bildete sich zum Jahresende 1989 schrittweise ein politisches Konzept in Form von sechs Forderungen

---

[59] Neßhöver, Christoph; Eine Politik der „reaktiven Anpassung"; S. 114ff.
[60] Vergl. Weidenfeld, Werner; Außenpolitik für die deutsche Einheit; S. 349.
[61] Ebd.

heraus.[62] In Anlehnung an die „2+4"-Verhandlungen prägte sich für diese strategische Punkt-Sammlung auch der Begriff „2+4"-Konzept.

Die ersten beiden Forderungen bezogen sich dabei auf den Prozess einer deutschen Wiedervereinigung und waren eher formalen Charakters:

1. Die Vereinigung muss sich friedlich vollziehen, d.h. unter Berücksichtigung aller Nachkriegsabkommen.
2. Der Prozess muss demokratisch verlaufen, was nach französischer Lesart sowohl das Selbstbestimmungsrecht der Deutsch beinhaltete aber auch die Berücksichtigung des Willens der anderen europäischen Völker.

Zu diesen Kriterien entwickelten sich vier konkrete inhaltliche Forderungen, die Deutschlands Verankerung im europäischen und westlichen Bündnis sicherstellen sollten:

3. Die Anerkennung der Oder-Neiße-Linie als polnische Westgrenze (was sich auch aus dem ersten Postulat ergab)
4. Die Bereitschaft eines vereinigten Deutschlands zur Vertiefung der westeuropäischen Integration
5. Die NATO-Vollmitgliedschaft Deutschlands
6. Verzicht Deutschlands auf den Bau und Besitz von atomaren, biologischen und chemischen Waffen (ABC-Waffen-Verzicht)

In diesen Punkten drückten sich deutliche Kontinuitäten der französischen Deutschlandpolitik und des französischen Sicherheitsdenkens aus. Durch einen Verzicht auf ABC-Waffen sollte Frankreichs besondere Stellung als Atommacht auf dem Kontinent gewahrt bleiben, die Vertiefung der europäischen Integration stellte eine Antwortskizze auf das größere Gewicht eines gewachsenen Deutschland dar und zielte auf seine Einbindung und Bindung an Frankreich und damit der Aufrechterhaltung des europäischen Gleichgewichts nach französischer Vorstellung. Das Postulat einer klaren Westbindung durch die EG und die NATO beugte Neutralitätsplänen für Deutschland vor.

Mitterrand folgte mit dieser Konzeption einer französischen Tradition in der Sicherheitspolitik, die bereits der erste Präsident der V. Republik skizziert hatte. Schon für de Gaulle bestanden die Kernprobleme einer deutschen Wiedervereinigung in Fragen der Nachkriegs-grenzziehung, in der Aufrechterhaltung des europäischen Gleichgewichts – zu beantworten durch eine Vertiefung der Integration – und in der Frage nach einer möglichen deutschen Atombewaffnung.[63]

---

[62] Neßhöver, Christoph; Eine Politik der „reaktiven Anpassung"; S. 114ff.
[63] Ebd.; S. 116.

2.5 Konzentration auf die europäische Antwort

Mit Blick auf die französischen Zielsetzungen wird deutlich, dass es sowohl in den ersten beiden formalen Forderungen Unterstützung im Kreis der Siegermächte fand, aber auch auf keine nennenswerten Widerstände in den beiden Deutschlands stieß. Ähnlich verhielt es sich mit der Forderung zur Anerkennung der Oder-Neiße-Linie als deutsche Ostgrenze, wenn es hier auch Diskussionen um den formalen Weg dorthin gab und von französischer Seite noch bis März 1990 diese Frage als Bremsversuch des gesamten Prozesses herausgehoben wurde.[64] Insgesamt war dieses Problem durch klare Aussagen der beiden deutschen Staaten geklärt, zumal auch alle Siegermächte sowie die europäischen Staaten in dieser Frage d'accord waren.

Ebenso stellte der Besitz von ABC-Waffen keinen Konfliktpunkt dar, in dessen Diskussion ein spezifisches französisches Engagement vonnöten war. Hier zeichnete sich früh eine ähnliche Sichtweise der anderen beteiligten Staaten ab, gleichzeitig gab es in Bonn keine ernsthaften Widerstände gegen eine solche Einschränkung der wiederzuerlangenden vollen Souveränität.

Auch in der Frage der Westbindung Deutschlands stand Frankreich im Einklang zumindest mit den USA und Großbritannien in der Forderung, ein vereintes Deutschland müsse Vollmitglied der NATO sein. Wenn auch dieser Aspekt hoch umstritten war und einen der Hauptauseinandersetzungen mit der Sowjetunion vor allem in den „2+4"-Verhandlungen darstellen sollte, so befand sich Frankreich mit dieser Forderung nur auf einer Seite der Konfliktlinien – sie bot aber keinen Raum für spezifisch französische Konzeptionen.

Insgesamt befand sich Frankreich mit seinen Forderungen an einen deutschen Vereinigungsprozess – zumal im späteren Stadium – weitgehend auf einer Linie mit den Vorstellungen der USA und jenen Westdeutschlands.[65] Eine besondere Rolle konnte für Frankreich unter diesen Umständen daher nur in dem ebenso von westlicher Seite einmütig vorgebrachten Willen zur Einbindung eines vereinten Deutschlands in die (west)europäische Integration liegen. Während die anderen Fragen vornehmlich auf der Achse Washington-Bonn-Moskau entschieden werden sollten, konnte hier die Kernaufgabe in Paris liegen, das sich bereits in der Nachkriegszeit als politisch treibende Kraft der Europäischen Gemeinschaft verstand.

---

[64] So Neßhöver, Christoph; Eine Politik der „reaktiven Anpassung"; S. 119.
[65] Ebd.

2.6 Einbindung durch Vertiefung: Aufbruch zur Politischen Union

Die Einbindung des vergrößerten Deutschlands in die Strukturen der EG sollte in technischer Form durch die Eingliederung des DDR-Gebietes Vollendung finden. Gemeinsam mit den deutschen Staaten nahm die EG-Kommission unter Kommissionspräsident Jacques Delors die Vorbereitungen dafür in die Hand – und zwar zunächst unter den Vorzeichen eines Beitritts der DDR zur EG, später unter den Prämissen eines Beitritts der DDR zur Bundesrepublik nach Artikel 23 des Grundgesetzes.[66] Damit war in groben Zügen die Forderung nach einer Verankerung Gesamtdeutschlands in den westeuropäischen Integrationsprozess erfüllt.

In Paris sah man mit der Dynamik der Veränderungen in Europa aber zudem die Chance, nahezu im Gleichtakt mit der deutschen Einigung die europäische Einigung voranzutreiben und den Prozess unumkehrbar zu machen. Bereits im beim Straßburger EG-Gipfel Anfang Dezember 1989 deutete sich die Formel „Einheit für Vertiefung" an, die in einem klaren Kontrast zu den Versuchen Frankreichs standen, durch Gegenmachtbildung auf den Erhalt des Status quo hinzuwirken.[67] Vielmehr zeichnete sich hier die Strategie einer „Kontrolle durch Einbindung" ab. Sie sollte noch stärker als zuvor zu einem zentralen Imperativ französischer Politik werden.[68]

Im Kern ging es um zwei konkrete europäische Projekte: die Wirtschafts- und Währungsunion (WWU) und die Politische Union, die in der Europäischen Union münden sollten. Die WWU sollte in erster Linie die Grundlage für eine gemeinsame Währung und damit einer einheitlichen Geldpolitik der EG bilden. Ursprünge dafür gehen auf das insgesamt beschleunigte Integrationstempo der zweiten Hälfte der 1980er Jahre zurück, das die Einheitliche Europäische Akte und damit den Start in einen europäischen Binnenmarkt hervorbrachte. Die wirtschaftlichen Erwägungen, einen gemeinsamen Markt durch eine abgestimmte Wirtschafts- und Währungspolitik auszufüllen und zu gestalten, bekamen durch die nahende deutsche Einheit ein politisches Pendant. Denn gerade die wirtschaftliche Macht eines vereinigten Deutschlands sorgte für Besorgnis in Paris. Die Strategie, diesen Bereich zu europäisieren, stand dabei ganz in der Tradition der Beweggründe für die Initiative zur Montanunion. Was damals Kohle und Stahl waren, symbolisierte sich 1989/90 in der D-Mark.

---

[66] Es mutet fast schon symbolisch an, dass dieser Artikel wenig später im Rahmen der Vertiefung der EG zum Artikel über die Europäische Union werden sollte.
[67] So Neßhöver, Christoph; Eine Politik der „reaktiven Anpassung"; S. 118.
[68] Ebd.

Dass auch das Ziel einer Politischen Union, das Anfang der 1970er Jahre erstmals formuliert, dann aber schnell fallengelassen wurde, wieder Konjunktur bekam, lag in erster Linie an der Koppelung der deutschen mit der europäischen Frage. Angesichts der Umbrüche galt es, politischen Raum durch eine starke EG auszufüllen und dazu sollte das gewachsene Gewicht Deutschlands in die europäische Waagschale geworfen werden.[69]

Diese Prozesse verliefen nicht widerspruchslos. So waren es keinesfalls durchweg die Franzosen, die mehr Integration und eine stärkere Vergemeinschaftung der Politik forderten. Im Gegenteil: Gerade Paris tat sich oftmals schwer mit Vorschlägen vor allem auch von deutscher Seite, die auf die Stärkung der supranationalen Institutionen EG-Parlament und Kommission zielten und neben der Wirtschafts- und Währungsunion auch den Begriff der Politischen Union füllen sollten.[70] Womöglich zeigte sich hier die Rückkehr traditioneller Politiklinien im europäischen Integrationsprozess, die die Dominanz der Deutschland-Frage langsam zurückdrängten. Während für die Bundesrepublik Verzicht auf Souveränität angesichts des provisorischen Status' weniger schwierig war, rührte es an Frankreichs Staatsverständnis.

Der Maastrichter Vertrag über die Europäische Union, in denen die Initiativen zur WWU und zur Politischen Union umgesetzt wurden, legte die Grundlage für die WWU im Jahr 1999 (mit der Einführung des Euro als gemeinsamer Währung 2002), einer verstärkten Innen- und Justizpolitik und einem Ausbau der Gemeinsamen Außen- und Sicherheitspolitik (GASP). Mit der Unterzeichnung des Vertrages von Maastricht im Februar 1992 wurde schließlich rund anderthalb Jahre nach dem Abschluss der „2+4"-Verhandlungen der europäische Rahmen zur deutschen Einheit gesetzt.

[69] Vergl. Neßhöver, Christoph; Eine Politik der „reaktiven Anpassung"; S. 119.
[70] Vergl. hierzu ausführlich Weidenfeld, Werner; Außenpolitik für die deutsche Einheit; S. 404ff.

3 Fazit

Frankreichs Rolle im deutschen Einigungsprozess ist nur schwer auf eine Formel zu bringen. Das mag in erster Linie daran liegen, dass Frankreichs Politik weitgehend „reaktiv"[71] war und sich eher durch eine abwartende Haltung denn durch das konsequente Verfolgen eigener Konzeptionen ausdrückte. Frankreich wollte sich nicht allzu früh mit öffentlichen Festlegungen „aus dem Fenster hängen"[72]. Stattdessen galt es, die Grundstimmungen der anderen Staaten, insbesondere jene der Siegermächte, zu sondieren, um strategische Möglichkeiten auszuloten. Vorsicht vor frühen Festlegungen geboten aber vor allem die rasanten Entwicklungen in der DDR, die bei aller diplomatischen Tätigkeit das eigentlich treibende Moment der gesamten Geschwindigkeit in der deutschen Frage gewesen sein dürften.

Frankreichs Politik in den Monaten nach dem Mauerfall zeigt aber dennoch zwei deutliche Linien. Zum einen richtete Paris seine Bemühungen auf eine Gegenmachtbildung, die vor allem auf der Betonung des europäischen Gleichgewichts beruhte und auf einen behutsamen Prozess zielte. Diese Haltung brachte Paris den Vorwurf vor allem von deutscher Seite ein, die Entwicklungen zu einer möglichen deutschen Einheit bremsen zu wollen bzw. gar auf eine Aufrechterhaltung des Status quo der deutschen Teilung hinarbeiten zu wollen. Wenn Frankreich sich ohne Zweifel in diesem Status quo eingerichtet hatte[73] und in der deutschen Teilung Positives für das europäische Gleichgewicht nach dem Krieg sah, greift die Analyse, von einer reinen Verhinderungsstrategie zu sprechen, zu kurz. Vor allem Mitterand fühlte sich hier falsch verstanden und beklagte, dass alle Mäßigungsversuche in der deutschen Frage in diesem Sinne von Bonn aufgenommen wurden.[74]

Die Sorge vor einem wiedererstarkten Deutschland mag eine große Rolle gespielt haben, allerdings schien Paris hier in einem größeren Zusammenhang gedacht zu haben als beispielsweise die britische Premierministerin Thatcher. Mitterand fürchtete vor allem unkontrollierbare Verselbständigungen der Entwicklung in Deutschland, die zu einer Destabilisierung der europäischen Sicherheitsstrukturen hätte führen können, ohne dass bereits ein Ersatzrahmen auch nur ansatzweise bereitgestanden hätte. Diese Befürchtungen

---

[71] So nutzt Neßhöver den Begriff der „reaktiven Anpassung", ein Terminus aus der Bewertung der französischen Annäherung an die westdeutsche Ostpolitik in den 1970er Jahren. (Neßhöver, Christoph; Eine Politik der „reaktiven Anpassung"; S. 123)
[72] So Weidenfeld, Werner; Außenpolitik für die deutsche Einheit; S. 349.
[73] Und an dieser Stelle sei die Bemerkung erlaubt, dass sich nicht nur Frankreich im Status quo eingerichtet hatte, sondern diese Einschätzung durchaus auch für gewisse Teile der westdeutschen Eliten richtig war.
[74] Weidenfeld, Werner; Außenpolitik für die deutsche Einheit; S. 349.

bezogen sich vor allem darauf, was ein zu forsches Vorgehen in Deutschland in der Sowjetunion hätte auslösen können. Man mag dies als Zögerlichkeit abtun – oder als Ausdruck einer auf Ausgleichung und sicherheitspolitische Stabilität gerichtete Politik einer Nation, die einen weitaus größeren diplomatischen Erfahrungsschatz aufzuweisen hatte als die über 40 Jahre weltpolitisch marginalisierte Bundesrepublik.

Die in der Einleitung formulierte Hypothese, dass Frankreich bei der Verfolgung dieser ersten Linie in seiner Verantwortung als Siegermacht wenig Einfluss ausüben konnte und ohne Erfolg an Allianzen mit anderen Staaten arbeitete, um auf die Neuauflage der deutschen Frage Antworten zu finden, scheint sich durch die vorgenommene Analyse zu bestätigen. Die historische Parallele zur Nachkriegszeit, in diesen Versuchen vor allem zwischen die Fronten der Ost-West-Auseinandersetzung zu geraten, ist dabei durchaus gegeben. So sehr die deutsche Teilung Ergebnis der Frontziehung zwischen Washington und Moskau war, so sehr lag auch dort 40 Jahre später der Schlüssel, diese Gräben zu überwinden. In diesem Rahmen spielte Frankreich auch 1989/90 nur als Teil des Westens eine Rolle, deren Gewicht für eigene Ambitionen nicht ausreichte.

Dazu kam eine Veränderung im Verhältnis zu Deutschland – sowohl auf französischer Seite als auch bei anderen Staaten. Nach 40 Jahren zum Teil enger Kooperation im westlichen Bündnis hatte sich eine Atmosphäre der Verlässlichkeit aufgebaut, die dazu führte, dass Gespräche über das Vorgehen in der deutschen Frage nicht über Bonn hinweggehen konnten. Auch diese Erfahrung stärkte in Paris die Einsicht, die Energien zur Gestaltung der deutschen Einigung europäisch einzusetzen – und damit zunehmend die zweite zentrale Linie mit Leben zu füllen: den europäischen Integrationsprozess.

Ähnlich wie in den frühen 1950er Jahren lagen hier die Chancen, in führender Rolle einen neuen europäischen Rahmen zur Einbettung eines größeren Deutschlands zu schaffen, schließlich war das europäische Projekt gerade mit Blick auf die anderen Siegermächte französische Domäne. Die Konzeption zielte auf „Kontrolle durch Einbindung"[75], auf eine Vertiefung der Europäischen Gemeinschaft, um den Prozess unumkehrbar zu machen.

Die europäische Integration wurde so – wie bereits in der Nachkriegszeit – zur zentralen Handlungsebene französischer Deutschlandpolitik. Der Vertrag von Maastricht sollte Frankreichs (und Europas) womöglich finale Antwort zur deutschen Frage sein.

---

[75] So Neßhöver, Christoph; Eine Politik der „reaktiven Anpassung"; S. 117.

Literaturverzeichnis

Albrecht, Ulrich; Die internationale Regelung der Wiedervereinigung; in: Bundeszentrale für politische Bildung (Hrsg.); Aus Politik und Zeitgeschichte; B 40/96; Bonn 1996

Benz, Wolfgang (Hrsg.); Deutschland unter alliierter Besatzung 1945-1949/55; Berlin 1999

Bodenstein, Joanna Lucia; Frankreichs Antwort auf das Ende des Ost-West-Konfliktes, Die Reaktionen des politischen Systems auf den Umbruch 1989; Berlin 1997

Bracher, Karl Dietrich; Die Krise Europas, Propyläen Geschichte Europas; 6. Band; Frankfurt am Main/Berlin 1992

Doernberg, Stefan; Machtpoker um die deutsche Einheit, Strategien und verpasste Chancen im ersten Jahrzehnt nach Kriegsende; Hefte zur DDR-Geschichte 54; Berlin 1999

Entrup Lütke, Joseph/Laute, Ulrich; Zehn Jahre Mitterrand, Versuch einer Bilanz; in: Konrad-Adenauer-Stiftung; Auslandsinformationen 1/1992

Geiss, Imanuel; The Question of German Unification, 1806-1996; London/New York 1997

Guillen, Pierre; La question allemande, 1945 à nos jours ; Paris 1996

Junghanns, Carsten; Die Rolle Helmut Kohls im deutschen Vereinigungsprozeß; Berlin 1999

Martens, Stefan (HRSG.); Vom „Erbfeind" zum „Erneuerer". Aspekte und Motive der französischen Deutschlandpolitik nach dem zweiten Weltkrieg; Sigmaringen 1993

Meyer-Landrut, Nikolaus; Frankreich und die deutsche Einheit, Die Haltung der französischen Regierung und Öffentlichkeit zu den Stalin-Noten 1952; München 1988

Mitterrand, Francois; De l'Allemagne, de la France; Paris 1996

Neßhöver, Christoph; Eine Politik der „reaktiven Anpassung"; in: Bruck, Elke (Hrsg.); Wege zum „2+4"-Vertrag, Die äußeren Aspekte der Deutschen Einheit; München 1996

Plato, Alexander von; Die Vereinigung Deutschlands – ein weltpolitisches Machtspiel, Bush, Gorbatschow und die geheimen Moskauer Protokolle; Berlin 2002.

Steffens, Mechthild/Uschakow, Alexander; Die deutsche Frage in der juristischen und politikwissenschaftlichen Literatur des Auslandes seit 1980; Kulturstiftung der deutschen Vertriebenen; Bonn 1993

Szabo, Stephen F.; The Diplomacy of German Unification; New York 1992

Weidenfeld, Werner; Außenpolitik für die deutsche Einheit; Geschichte der deutschen Einheit- Band IV; Stuttgart 1998

Weisenfeld, Ernst; Welches Deutschland soll es sein? Frankreich und die deutsche Einheit seit 1945, München 1986

9 783640 121564